AF450767

Colonel CONVERSET

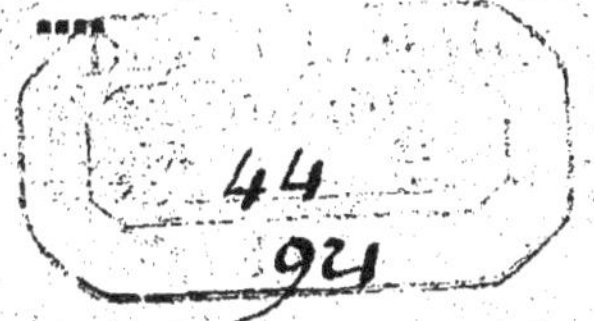

CEUX QUI FONT LA GUERRE

ET

CEUX QUI LA FONT FAIRE

Préface de Madeleine VERNET

Prix : 1.25

EDITIONS DE " L'AVENIR SOCIAL "

EPONE (Seine-et-Oise)

AOUT 1921

Colonel CONVERSET

Ceux qui font la Guerre

ET

Ceux qui la font faire

« Bien que la coustume et l'exemple fassent estimer le métier de la guerre comme le plus noble de tous, pour moi qui le considère en philosophe, je ne l'estime qu'autant qu'il vaut et même j'ai bien de la peine à lui donner place entre les professions honorables, voyant que l'oisiveté et le libertinage sont les deux principaux motifs qui y portent aujourd'hui la plupart des hommes. »

DESCARTES.

« La guerre est le fruit de la faiblesse des peuples et de leur stupidité. »

ROMAIN ROLLAND.

« La guerre est le massacre des jeunes et des braves par la faute des vieux au cerveau borné. »

WELLS.

PRÉFACE

Il faut croire que la guerre porte en elle quelque chose de vraiment anti-naturel, anti-social, anti-humain ; il faut croire qu'elle ne peut inspirer que répulsion et horreur, puisque des hommes qui ont été, professionnellement, préparés pour la guerre en sont venus, aujourd'hui, à se placer au premier rang des ennemis de la guerre.

Tel est le cas du général Percin, du général Sarrail, pour ne citer que ces deux noms parmi ceux des chefs militaires qui ont rapporté, de la dernière guerre, une véritable haine pour ce fléau qui reste la honte de notre civilisation moderne. Il était bon que ces faits se produisent. Il était bon surtout qu'ils éclatent au grand jour ; que ces hommes, dans un sursaut de révolte et de loyauté, viennent nous crier tout ce qui s'était amassé en eux de rancœurs et de souffrances. Car, des militaires de métier devenus des antimilitaristes, voilà, de façon précise et nette, la condamnation du système.

Tel est le cas du colonel Converset. Lui aussi a fait la guerre, l'a vécue, l'a soufferte. Lui aussi a saigné dans son cœur d'homme, dans sa conscience d'individu. Devant le carnage l'horreur l'a saisi ; devant les spectacles lamentables des champs de bataille, une pitié profonde lui est venue pour tous ces êtres massacrés dans la fleur de l'âge, — tous ces êtres qui étaient aimés, actifs, heureux, qui étaient l'espoir d'une autre humanité. Comme Louise Ackermann, il a pensé :

Qu' « ils auraient pu mourir pour une autre
[moisson. »

Car, si sa pitié s'est élargie devant ces milliers de victimes, le penseur, reparaissant en lui, s'est élevé plus haut encore, a dépassé l'homme, si l'on peut dire. Et le penseur s'est posé le grand problème : « A quoi sert la guerre ? Pour quelles fins utiles ce massacre est-il consommé ? Que peut-il sortir de bon, pour l'humanité, de ce carnage ? »

C'est le résultat de ces longues méditations qu'on trouvera dans les pages qui vont suivre.

Le colonel Converset dit ce qu'il pense, tout ce qu'il pense, loyalement et simplement. Il ne fait pas de la politique de parti. Il se dresse en face de la guerre, la dissèque, l'analyse et la maudit. Il en dépeint l'horreur en même temps qu'il en signale l'inutilité. Puis, remontant des effets aux causes, il cherche les responsables et ne craint pas de stigmatiser ceux qu'il juge coupables, ceux qui lui paraissent être les fauteurs de guerres. Epris de justice, il condamne, à la face de la conscience universelle, tous ceux qui ont vécu de la guerre, tous ceux dont elle sert les ambitions et les cupidités.

Cette étude est une étude sincère ; et c'est pourquoi la Société d'Edition de l'Avenir Social n'a pas hésité à la publier. Pourquoi, même, elle s'honore de le faire. Cette étude se place au-dessus des partis qui divisent les hommes. Elle ne vise qu'une chose : servir l'œuvre de paix et d'universelle fraternité.

Le colonel Converset invite ceux qui le liront à méditer avec lui sur les graves questions qu'il a abordées. Il les invite à réfléchir. Il ne leur demande pas d'être de son avis en toutes choses ; mais il leur demande de s'unir à lui pour chercher les moyens de combattre le fléau et le faire disparaître. « Ne chicanons pas trop sur le passé, nous dit-il, mais mettons-nous d'accord pour édifier un meilleur avenir, un avenir d'où la guerre sera exclue, devenue impossible. » C'est bien là le fond de sa pensée.

Je ne veux pas dire tout le bien que je pense d'un homme qui montre ce courage — si rare en ces temps troublés que nous traversons — de se présenter à la masse sans phrases de meeting, sans rhétorique, sans apparat, tel qu'il est enfin, c'est-à-dire un homme, rien qu'un homme, qui a vécu, souffert, pensé, un homme qui a connu tous les sentiments humains, toutes les faiblesses humaines, et qui vient exprimer simplement quelques-unes des pensées, quelques-uns des sentiments qui ont germé dans son cerveau et dans son cœur.

Lisons-le avec le même esprit de franchise et de simplicité. Et soyons avec lui pour l'œuvre à laquelle il nous convie : l'étude des moyens propres à faire disparaître la guerre et à assurer la paix parmi les hommes.

Il est à remarquer que, malgré les épreuves subies, le colonel Converset est resté optimiste. Il a gardé sa foi en la possibilité de cet avenir fraternel qu'il évoque et pour lequel il veut travailler. En dépit des amertumes qui l'ont assailli, il fait confiance aux hommes, il donne du crédit à l'humanité. Il est de ceux qui pensent que « lorsqu'on aime, tout est possible », car, ne nous y trompons pas, c'est l'amour, générateur de vie, qui pousse les hommes vers le magnifique idéal de la Fraternité humaine, laquelle sera l'épanouissement de la vie dans la plénitude de son expression.

Accueillons donc parmi nous, travailleurs de la main ou du cerveau, ce travailleur de la pensée qui vient à nous, qui est notre ami désintéressé et loyal, et qui sera avec nous dans le grand combat des idées pour le triomphe de la Justice et de l'Amour.

MADELEINE VERNET.

Juillet 1921.

CEUX QUI FONT LA GUERRE

ET

CEUX QUI LA FONT FAIRE

AVANT-PROPOS

Ceux qui ont fait la guerre ont le droit, et même le devoir, de dire sincèrement ce qu'ils en pensent, et ceux qui ont fait la dernière ne peuvent pas en penser du bien. Il en est de même, du reste, de toutes les guerres, car il n'est pas certain, après tout, que la dernière ait accumulé, proportionnellement à son extension, beaucoup plus d'horreurs que les autres grandes guerres passées. La guerre n'a jamais été que massacres, destructions, dévastations, viols et rapines, sans autres limites que celles du pouvoir de malfaisance des combattants, la guerre étant la suppression de toute règle morale, et sans compter les fléaux de toutes sortes qui la suivent, comme la famine, la peste, le typhus, le choléra, la syphilis et autres maladies épidémiques ou contagieuses.

Sans vouloir remonter plus haut, chez nous, que la guerre de Cent Ans, il suffit d'ouvrir l'histoire des derniers siècles pour savoir à quoi s'en tenir là-dessus. La France a porté le fer et le feu plus souvent qu'à son tour en Italie et en Allemagne. Elle a été ensanglantée

chez elle par les guerres de religion, comme
l'a été toute l'Europe Occidentale pendant plus
d'un siècle, et elle a vu alors tous les genres
d'atrocités et de misères. Les guerres de
Louis XIV et de Napoléon n'ont jamais été
belles que dans les panégyriques des historio-
graphes officiels et elles ont contribué largement à tarir les sources de la natalité française.
Dans la dernière guerre, les fronts continus
ont eu tout au moins l'avantage de soustraire
au carnage les territoires de l'arrière, où n'ont
sévi que certaines misères matérielles et morales que la guerre sème tout autour d'elle,
telles que les restrictions, les deuils, la dislo-
cation des familles, les divorces, l'abandon des
enfants, l'école du vagabondage, le recul de
l'instruction, le dégoût du travail et la soif
immodérée du plaisir, l'atrophie des consciences, la déchéance physique et morale des
individus et de la race, la religion de l'égoïsme
et de l'argent, la dictature du mensonge et de
la délation, l'abdication de toutes les libertés
et l'acceptation de toutes les tyrannies. Et ce
n'est là qu'une faible partie des maux qu'en-
gendre toujours la guerre, même pour ceux qui
ne s'y trouvent pas directement mêlés.

Malgré cela, parlant de la nécessité de la
guerre et des vertus qu'il lui prête, le premier
de Moltke a dit : « La paix perpétuelle est un

rêve et ce n'est même pas un beau rêve. » Mais de Moltke était de ceux qui font faire la guerre et non de ceux qui l'ont faite avec leur chair et leur sang. Pour ces derniers, même si la paix perpétuelle doit rester un rêve et si ce rêve n'est pas celui de de Moltke et de ses pareils, leur devoir d'hommes est de faire tout ce qui dépend d'eux pour travailler à la réalisation de ce rêve, car il vaudrait mieux, pour un homme digne de ce nom, renoncer à la vie que se résigner à la nécessité d'admettre l'assassinat comme moyen de vivre, ainsi que nous l'avons fait et que tant d'autres l'ont fait avant nous.

Nous n'avons pas le droit d'accepter une pareille fatalité pour nos enfants si nous l'avons acceptée pour nous-mêmes, ou bien alors ce serait prétendre nous décharger de toute responsabilité à l'égard de ceux que nous ne jetterions au monde que pour en faire de la chair à canon, comme le demandait Napoléon en parlant d'une nuit de Paris après une bataille meurtrière. Il suffit de descendre un instant dans sa conscience pour se rendre compte qu'elle nous impose, avant toute autre obligation, celle de pourchasser enfin de toutes nos forces ce fantôme du passé qui ne s'est imposé à l'humanité que par la peur, comme tant d'autres fantômes, car la guerre n'est, au fond, qu'un réflexe de la peur, de même que tous les gestes qu'elle comporte, y compris ceux qui sont réputés les plus beaux, puisqu'ils se résument tous dans celui de tuer pour ne pas être tué.

Le but de la présente étude n'est pas d'apporter simplement un nouveau réquisitoire contre la guerre. La partie critique de cette étude a pour objet, par l'analyse des évènements que nous avons vus se dérouler sous nos yeux, de dégager les causes habituelles et permanentes de la guerre, afin de passer ensuite à la recherche des moyens de réagir contre ces causes et de les combattre S'indigner contre la guerre, en stigmatiser les auteurs, sont des actes stériles si nous ne pouvons en tirer aucun remède contre le mal. C'est ce remède qu'il faut arriver à trouver en cherchant à en découvrir les causes profondes, pour les éliminer par des moyens appropriés. C'est à cette œuvre de salut que je voudrais apporter ma modeste contribution, en expiation de ma part de responsabilité dans les maux actuels de la famille humaine, si malheureuse par sa faute.

Et je dédie ces pages aux mères de ceux qui sont morts.

I

LA DERNIÈRE GUERRE

Pouvons-nous penser que, par la terrible guerre que nous venons de soutenir, nous avons éloigné de nous le fléau pour longtemps, comme nous l'espérions?

Nous sommes partis en campagne, en 1914, portés par deux grandes idées. La première était celle de la nécessité absolue de défendre nos foyers, assaillis par l'Allemagne sans aucune provocation de notre part. La seconde était celle d'abattre à jamais les forces d'impérialisme qui constituent un péril constant pour la paix et, par suite, de fermer peut-être pour toujours l'ère des conflits armés.

Ces deux idées provenaient pour une part de notre éducation nationale et, pour une autre part, des circonstances dans lesquelles éclatait la catastrophe. Nous n'avions pas le temps, à cette heure tragique, de contrôler toutes ces circonstances, ni de sonder tous les fondements de ces deux idées. Nous étions entraînés, bon gré mal gré, avec le pays tout entier, dans le courant des évènements. Mais une chose au moins nous paraissait non seulement certaine, mais évidente pour tous, c'est que le gouvernement de la République avait fait tout ce qu'il était humainement possible de faire, jusqu'au dernier moment, pour conjurer la catastrophe.

Même pour ceux qui n'avaient pas toujours approuvé notre politique étrangère, en particulier l'alliance avec la Russie, et qui avaient avec Jaurès combattu récemment la loi de trois ans comme une loi de provocation, les derniers actes du gouvernement avaient apporté la démonstration éclatante d'une entière bonne foi dans la volonté de maintenir la paix par tous les moyens compatibles avec l'honneur du pays et la sauvegarde de l'indépendance nationale.

Quant à nos diplomates du quai d'Orsay et d'ailleurs, le pays leur faisait confiance comme toujours. Aujourd'hui encore, rien ne nous permet de dire qu'ils aient trahi volontairement cette confiance. Tout ce qu'on pourrait leur reprocher, c'est de n'avoir pas fait preuve de génie ; mais personne n'est à l'abri de ce reproche. M. Edouard Grey et le prince Lichnowski sont à peu près les deux seuls hommes, dans les chancelleries européennes, ayant fait alors des efforts convaincus et persévérants pour trouver la formule de conciliation qui aurait pu sauver la situation. Ces efforts ont-ils été secondés, chez nous, autant qu'ils auraient pu l'être, par des hommes ayant la foi, la volonté de réussir et la ténacité qu'il faut dans ce cas ? Les dernières démarches, à Paris, de l'ambassadeur d'Autriche et de M. Lardy, d'ailleurs bien tardives, peuvent laisser un doute à ce sujet. Mais ce doute ne pouvait se faire jour alors et il n'aurait marqué pour nous, du reste, qu'un détail infime dans un enchaînement de circonstances terribles, contre lesquelles se brisaient toutes les bonnes volontés de la nation.

Notre presse la plus chauvine elle-même s'était montrée, pendant toute la crise, extrêmement modérée et prudente. Quelques feuilles seulement, dont la plus marquante était *l'Homme Libre*, de Clemenceau, avaient encouragé la Russie à la résistance et aux mesures extrêmes, mais il ne s'agissait là que de quelques personnalités qui n'avaient alors aucune attache avec le gouvernement et ne pouvaient l'engager.

Encore aujourd'hui, ces faits conservent toute leur valeur et, par conséquent, condamnent plus que jamais celui qui a rompu toutes négociations en signant la déclaration de guerre et qui s'est fait ainsi l'assassin de dix millions d'hommes. Celui-là ne peut trouver aucune excuse valable ni dans les fautes antérieures des diplomaties, ni dans les manœuvres criminelles qui accompagnèrent la mobilisation russe des 29, 30 et 31 juillet. S'il avait continué la conversation pendant 24 heures seulement, même sous les armes, c'était probablement le salut. Il ne le voulut pas et nous mit, par un acte de sa volonté personnelle, devant le fait matériel et irrémédiable de la guerre déclarée (1).

Nous reviendrons plus loin sur la question des causes éloignées ou prochaines de la guerre, sur lesquelles la discussion est loin d'être close et ne le sera probablement jamais. Il est difficile, en effet, de déterminer toutes les responsabilités, collectives ou individuelles, qui ont contribué à amener la terrible guerre, mais il n'y a pas besoin d'être tous d'accord sur ces responsabilités pour travailler ensemble à éviter de pareilles conjonctures pour l'avenir. Au contraire peut-être, car cette diversité des causes éloignées ou immédiates de la

---

(1) Télégramme de Nicolas II à Guillaume II du 1ᵉʳ août 1914 : « Je comprends que tu sois obligé de mobiliser, mais je voudrais avoir de toi la même garantie que celle que je t'ai donnée, à savoir que ces mesures ne signifient pas la guerre et que nous poursuivrons nos négociations pour le bien de nos deux pays et la paix générale si chère à nos cœurs. »

grande guerre et cet écheveau inextricable des responsabilités encourues nous montrent mieux le danger qu'il y aurait à continuer à traiter de la même façon les affaires internationales et la nécessité qui nous presse de nous unir pour recourir à d'autres moyens d'assurer la paix du monde.

Plus nous avons à faire notre *mea culpa* pour le passé, plus nous avons à nous mettre en garde contre les mêmes fautes dans l'avenir.

De cette situation de fait créée par la déclaration de guerre, il résultait donc, quoi qu'on puisse prétendre aujourd'hui, que nous étions bien fondés à croire et à dire, en partant pour la frontière, qu'il s'agissait pour nous d'une guerre de légitime défense et que nous ne pouvions déposer les armes qu'après avoir assuré le salut du pays.

Nous étions également très sincères avec nous-mêmes en proclamant que la chute du militarisme prussien marquerait la fin du règne de la guerre, car nous pensions que cette chute serait suivie d'une entente entre les peuples pour éviter désormais les conflits. Malheureusement, ce terme de militarisme prussien n'avait pas le même sens pour tous.

Pour les réservistes, citoyens conscients, qui formaient la masse de nos armées combattantes, le militarisme prussien était avant tout le pouvoir sans contrôle qui avait permis à l'empereur d'Allemagne de décider de la guerre de sa propre autorité. Il s'agissait, dans leur esprit, de détruire à jamais le principe même d'un pouvoir aussi formidable et de rendre à tous les peuples l'exercice du contrôle dont ils ont besoin pour assurer la bonne gestion de leurs affaires sans rester exposés à chaque instant à la surprise d'un conflt armé avec leurs voisins. Pour ces réservistes et pour le grand nombre des chefs qui combattaient à leur tête, cette guerre avait donc un caractère révolutionnaire qui leur donnait à tous la foi et l'élan des volontaires de l'An II, qui leur permit de supporter les rudes épreuves du début et qui fut le grand levier de Joffre pour le rétablissement de la Marne.

Mais après cette victoire et la stabilisation du front qui la suivit, il apparut bientôt que notre foi n'était pas partagée par l'arrière, dont le souci n'était nullement la fin des guerres, ni même la fin de la tuerie en cours, mais exclusivement l'exploitation de la guerre au bénéfice d'intérêts particuliers de toutes sortes, politiques, commerciaux, religieux ou autres.

Le thème de « la dernière guerre », que suivrait la paix des peuples, n'avait été, en somme, que le premier thème de « bourrage des crânes » lancé par la presse suivant le besoin du moment.

La véritable presse de guerre n'avait pas retenu longtemps ce thème compromettant. Il lui avait été facile de le ruiner en montrant combien le peuple allemand s'était étroitement solidarisé avec son gouvernement, non seulement dans la responsabilité de la guerre, mais aussi dans sa manière de la conduire, et le manifeste des 93 intellectuels allemands fut interprété à juste titre comme un véritable défi de tout un peuple à la civilisation humaine.

Le parti socialiste allemand lui-même, au lieu de se tourner contre celui qui avait déclaré la guerre, comme Bebel en avait posé la règle autrefois, avait lié partie avec le kaiser et il était bien difficile, en vérité, de faire une différence entre le militarisme prussien et le peuple allemand tout entier. Même pour ceux qui admettaient que ce peuple n'avait nullement voulu la guerre, il s'était mis dans son tort en soutenant celui qui l'avait déclarée. Il ne restait donc plus pour nous qu'à nous défendre jusqu'au bout, sous peine de subir la loi de l'agresseur.

C'était une lutte d'extermination des peuples qui ne pouvait plus finir que par l'épuisement complet des deux groupes de belligérants, puisque chacun des deux groupes était désormais menacé dans son existence même.

Devant une pareille fatalité, l'intérêt des peuples aurait été, évidemment, de chercher aussitôt que possible un moyen d'entente, une transaction toujours préférable à la certitude de la ruine complète, d'autant plus que le sang n'a jamais lavé aucun crime. Mais ce retour à la raison n'était pas facile, une fois la folie déchaînée sur le monde, car le moyen d'entente n'entrait pas dans le cadre de l'organisation actuelle du monde civilisé.

En effet, tout d'abord le rôle des gouvernements dans la guerre est d'empêcher toute tentative d'entente directe entre les peuples (1). Il ne peut en être autrement, car un gouvernement, même lorsqu'il a fait tout son possible pour éviter la guerre, se sent toujours coupable de n'avoir pas réussi à l'écarter. Il est bien certain, en effet, que, de tous les services qu'un pays peut attendre de son gouvernement, celui qui prime de beaucoup tous les autres, parce qu'il assure tous les autres, est le maintien de la paix. Avoir échoué dans cette partie de sa tâche est toujours une faillite pour un gouvernement : il est de toute justice que ceux qui se sont laissé imposer cette mauvaise

____

(1) On verra plus loin ce qui s'est passé en 1917.

affaire disparaissent et ils n'ont plus qu'un moyen de se maintenir, c'est de chercher à la liquider par la victoire, quel qu'en soit le prix.

Du reste, en pareil cas, le gouvernement se trouve toujours soutenu et poussé dans cette voie par un parti de la guerre, qui ne tarde pas à lui dicter ses volontés, même dans les pays qui étaient antérieurement les plus dévoués à la paix, à plus forte raison dans ceux où dominait déjà ce parti de la guerre.

Ce parti est formé par la coalition de tous les intérêts particuliers que favorise l'état de guerre, par la coalition des appétits du jour et de la peur du lendemain.

En dehors même de toute action directrice, il se produit une cristallisation de la situation pour la foule de ceux qui constatent que l'état de guerre les nourrit et qui ne savent plus comment les nourrirait l'état de paix. Pour ceux-là, comme pour les paysans de la guerre de Cent Ans dont parle Michelet, l'état de guerre redevient peu à peu un état normal de la société humaine. L'adaptation se fait à cet état, jusqu'au point et au moment où les femmes elles-mêmes en arrivent à prendre part à la lutte par les armes, non sans y apporter parfois des qualités particulières qui firent la fortune de notre Jeanne d'Arc et lui permirent de gagner sa bataille de la Marne à

Orléans (1). Il résulte bientôt de ces différentes causes que chaque pays belligérant se partage en deux camps, dont l'un comprend ceux qui font la guerre à leurs dépens, et l'autre, ceux qui la font faire à leur profit. Il s'agit, pour ces derniers, qui sont les plus nombreux, de s'organiser assez fortement pour imposer jusqu'au bout leur volonté aux premiers, qui sont mieux armés et qui se demandent quelquefois, malgré tout, pour quelle raison ils se font tuer.

Pour imposer cette volonté de guerre, il ne suffit pas de bourrer les crânes, il faut le faire à propos et avec mesure: le mensonge, quel que soit son attrait naturel pour le commun des mortels, peut devenir une arme dangereuse dans les mains de celui qui ne sait pas s'en

---

(1) A ce propos et en passant, il serait difficile de ne pas se laisser aller ici à quelques réflexions mélancoliques sur le peu de solidité de la fortune militaire en pensant que, bien avant Joffre, Jeanne mit beaucoup moins de deux ans avant d'être limogée par les gens qu'elle avait tirés d'embarras. De plus, et pour comble de malheur, son tempérament plus bouillant et moins rassis la fit tomber entre les mains d'un adversaire qui traitait ses prisonniers de guerre encore beaucoup plus durement que l'Allemagne. Il est vrai qu'elle vient de recevoir, après 500 ans, une compensation que Joffre attendra peut-être plus longtemps, si jamais il la reçoit: il serait téméraire de faire dès maintenant des prévisions sur la façon dont les papes de l'avenir jugeront le miracle de la Marne et son auteur responsable.

servir. Pour « moudre l'opinion », suivant l'expression de Northcliffe, il faut manœuvrer cette opinion en combinaison avec tous les moyens dont dispose le gouvernement pour peser sur elle.

Le plus puissant de ces moyens est évidemment l'argent. Plus la guerre dure, plus il faut intéresser de gens à sa prolongation, soit par les gains qu'ils en retirent, soit par des augmentations de traitements et de salaires, soit par des allocations de subventions et de secours. Ce n'est que lorsque tous ces moyens de corruption sont épuisés qu'on peut avoir recours aux moyens de contrainte et de coercition, toujours si difficiles à manier.

L'emploi habile de ces différents moyens permet de constituer dans le pays une majorité extrêmement forte de gens intéressés à la poursuite de la guerre, majorité qui n'a pas de peine à imposer sa loi aux combattants aussi longtemps qu'elle reste bien homogène et sans fissures. Elle a, de plus, avec elle, pour assurer cette tâche, le haut commandement militaire, qui n'a pas toujours cherché, ni désiré la guerre, comme on le croit trop souvent, mais qui la dirige en y gagnant toujours, à coup sûr, le pouvoir effectif avec tous ses avantages, c'est-à-dire des grades, de l'argent et des honneurs pour lui-même, pour ses états-majors et

pour sa clientèle. C'est ce que disait à sa façon
et avec sa verve primesautière un commandant
de corps d'armée à un chef de bataillon de son
entourage qui lui demandait, au mois de dé-
cembre 1914, dans combien de temps il pensait
que la guerre toucherait à sa fin: « Quand
notre dernier breveté sera lieutenant-colonel (1). »

---

(1) Il ne faut pas voir ici une critique particulière à
l'adresse de notre commandement français. Il s'agit des
conditions générales de la conduite de la guerre, qui sont
les mêmes partout. C'est encore dans les républiques à
prétentions démocratiques, comme la nôtre, qu'il y a le
plus de justice et d'égalité dans la répartition des dangers
et des charges de la guerre : ce qui ne veut pas dire qu'il
y en ait beaucoup, car toute règle d'égalité et de justice
est contraire aux principes mêmes d'une bonne conduite
de la guerre. Ceux qui font faire la guerre ne doivent
avoir aucun ménagement pour ceux qui la font, si ce
n'est dans l'intérêt de la guerre. C'est pourquoi l'embus-
cade ne doit être tolérée et organisée que dans la mesure
où elle peut être utile à la poursuite de la guerre, maté
riellement ou moralement.

Ce principe d'inégalité et d'exploitation de l'homme par
l'homme a été érigé en doctrine officielle par l'Ecole
supérieure de guerre dès la réouverture de cette Ecole.
On a tenu à proclamer tout de suite, *ex cathedra* et pour
que nul n'en ignore, que, dans la prochaine guerre, avec
l'extension de l'emploi du matériel, le sort du personnel
serait de plus en plus tout différent suivant les spécialités
et que des hommes devaient être désignés d'avance pour
aller se faire tuer pendant que d'autres, du même âge,
travailleraient tranquillement et à l'abri, bien loin des

Le danger pour cette coalition est qu'elle ne soit rompue, à un moment donné, du fait de la fatigue de quelques-uns de ses éléments, en particulier par suite des pertes matérielles et des pertes en vies humaines qu'accumule la guerre.

Les pertes matérielles peuvent être compensées dans une certaine mesure, mais il arrive un moment où cette compensation paraîtra insuffisante ou aléatoire. Quant aux pertes en vies humaines, il est assez facile de les faire accepter au début des hostilités, surtout si on sait les masquer en partie, car tout le monde s'attend à ces pertes. Il y a seulement des mesures particulières à prendre à l'égard de ceux ou de celles qui sont directement atteints dans leurs affections ou dans leurs intérêts, en cicatrisant les blessures par de beaux discours et

---

champs de bataille, dans leurs ateliers, leurs usines ou leurs bureaux.

C'est là une conception tout à fait logique pour ceux qui préparent la prochaine guerre : il est utile, en effet, qu'on sache d'avance quels sont ceux qui ne sont bons qu'à tuer. C'est aussi une réplique à l'annotation marginale qu'on a prêtée à un général célèbre sur les « nègres à consommer avant l'hiver ». Mais lorsqu'il ne s'agit plus des nègres, on est obligé d'invoquer des principes et des théories scientifiques pour pouvoir exploiter honnêtement les meilleurs moyens de vaincre en utilisant au mieux le sang de ses frères.

par des distributions d'argent. Les larmes des veuves et des orphelins sont ainsi assez rapidement séchées, surtout si ces jeunes veuves trouvent en même temps, dans les entreprises de guerre, un travail largement rémunéré et l'occasion de refaire agréablement leur existence (1). La démoralisation s'étend ainsi très rapidement et amène peu à peu l'opinion publique à se désintéresser à peu près complètement des pertes en hommes et des misères des combattants.

La doctrine s'établit que ces pertes et ces souffrances sont une simple question de sentiment, qui n'a pas d'importance lorsqu'il s'agit des intérêts supérieurs du pays et de la défense d'une grande cause.

Or, c'est une monstrueuse doctrine de prétendre qu'il faut tuer pour faire la justice et le droit et que le bien peut sortir de l'excès du mal : il arrive donc un jour où quelques-uns, faute d'estomac, n'admettent plus ces sophismes malgré l'intérêt qu'ils pourraient y trouver ; c'est alors que la coalition se trouve menacée

-----

(1) Il ne suffit pas d'organiser la prostitution à l'arrière, il faut aussi l'organiser près du front, comme nous savons que les Allemands l'avaient organisée à Lille. Je cite ce cas, parce que personne ne songera à le contester, et je n'insiste pas sur cet autre beau côté de la guerre.

et que le parti de la guerre est obligé d'avoir recours aux mesures de contrainte, s'il en est encore temps, ou de se disloquer et d'ouvrir la porte à la paix, même si ses armées n'ont pas été battues, car les armées ne défendent plus un pays qui est las de la guerre. C'est ce qui se produisit pour l'Allemagne en 1918. Dès que les armées allemandes, après 4 ans d'efforts, parurent à bout de souffle offensif, la fatigue s'empara de l'arrière et le parti de la guerre se rendit compte qu'il risquait plus qu'il ne pouvait gagner à prolonger la lutte ; il se disloqua après la fuite de son chef et ouvrit la porte à la révolution et à la paix. Les armées allemandes déposèrent les armes avant d'avoir été définitivement vaincues et sans défendre la Meuse, ni le Rhin. Nous mêmes, malgré tous les stratèges de l'arrière, nous avions perdu assez de sang pour ne pas en demander davantage.

Le même fait s'était déjà produit en Russie et se serait fatalement produit chez nous si la lutte s'était prolongée encore quelque temps et surtout si nous n'avions pas senti l'Amérique derrière nous. Nous avions joué le tout pour le tout et nous avions gagné la partie, mais au prix de sacrifices dont la race française ne se relèvera jamais, au prix de sacrifices que rien ne peut payer pour nous. De plus, en raison des ruines accumulées, nous n'étions plus libres, personne n'était plus libre, de faire la paix de justice qui pouvait seule donner des garanties de durée.

Devant un pareil résultat, la question se pose de savoir s'il n'aurait pas été possible de trouver une solution moins désastreuse à la fin de 1916, ou même dès la fin de 1914. La réponse n'est pas douteuse et nos enfants se demanderont s'il est bien vrai que la folie ait pu prendre de telles proportions et durer si longtemps. Nous pouvons prononcer des condamnations dans nos consciences, mais les responsabilités sont encore plus difficiles à saisir ici que partout ailleurs et les sanctions pratiques n'existent pas. Nous ne ressusciterons pas les morts, pas plus qu'il n'est au pouvoir de qui que ce soit de réparer maintenant le mal qui a été fait. La seule question pratique qui reste posée est donc celle de savoir si nous voulons recommencer et s'il est possible d'échapper aux mêmes fatalités pour l'avenir.

II

LES PEUPLES ET LA GUERRE

Jusqu'ici les peuples ont toujours été mis aux prises par la volonté de leurs gouvernants, qui ne sont même pas toujours leurs gouvernements, encore bien moins leurs représentants responsables. Ils n'ont déposé les armes et fait la paix que par la même volonté, sans avoir à exprimer leur avis en aucune façon. Il est à peine besoin de rappeler, à ce propos, ce qui s'est passé pour la dernière guerre, avant, pendant et après les hostilités.

En ce qui concerne l'avant-guerre, il est à peu près admis aujourd'hui, sauf par certaines minorités aveuglées par la haine ou par l'intérêt, qu'aucun des peuples entraînés dans la guerre ne l'a réellement voulue. Il ne fait aucun doute que, si un certain nombre d'élus du peuple allemand, du peuple russe, du peuple autrichien, du peuple serbe et du peuple français avaient reçu mission de se réunir pour discuter entre eux la question des suites à donner à l'assassinat de l'héritier d'Autriche, aucun de ces hommes n'aurait eu l'idée de régler cette affaire par une guerre européenne. C'est donc la méthode employée pour traiter ce litige qui était mauvaise.

En ce qui concerne les possibilités de limiter la durée et les ravages de la guerre, nous avons vu les gouvernements ennemis, dans le cours des hostilités, engager plusieurs fois des conversations entre eux par des intermédiaires officieux et à l'insu des peuples, tandis que des représentants des peuples se voyaient refuser par les mêmes gouvernements des passeports pour Stockholm. Et pourtant cette conversation au grand jour, en pays neutre, sur les causes de la guerre et sur les moyens d'y mettre fin, aurait été autrement plus utile à une bonne orientation de la paix à venir que celle de quelques-uns de nos nobles cosmopolites, on ne sait dans quelles officines louches, avec les envoyés de l'impératrice Zita et de son apostolique époux.

Par conséquent, là aussi, mauvaises méthodes que celles qui ont été employées jusqu'à ce jour.

Et que dire de ce qui s'est passé pour les négociations de paix, après que les mêmes gouvernements, pendant tout le cours de la guerre, avaient proclamé que la prochaine paix serait une paix des peuples, faite au grand

jour, à l'abri de toute diplomatie secrète !
Aucun traité de paix n'a jamais été, en fait,
entouré de plus de mystère et de plus de secret
que celui de Versailles. Or, il ne suffit pas à
quelques hommes éminents, réunis autour
d'un tapis vert, de vouloir sincèrement la justice pour être infailliblement justes. Aucun
juge, aucun tribunal ne peut se permettre de
juger un accusé sans l'entendre, et tout juge-
ment rendu sans cette garantie sera toujours
sujet à contestation, indépendamment de ses
autres défauts. On peut donc se demander si la
Conférence de Paris a fait beaucoup mieux
que le Congrès de Vienne, qui au moins n'avait
pas partagé l'Europe, en 1815, sans entendre
les intéressés, et qui avait eu la prétention, lui
aussi, de rendre une bonne justice et déjà de
« fixer les bases du droit public de l'Europe
par une œuvre de réparation ».

Et surtout le traité de Versailles ne nous a
pas donné le désarmement que les combattants demandaient avant tout.

Donc, à l'heure actuelle, au point de vue des
garanties de sécurité pour l'avenir, le seul
résultat qui paraît certain de la guerre que
nous avons faite est que dix millions de morts
sont tombés sans avoir apporté au monde la
rédemption et la paix.

Et pourtant le traité de Versailles, heureusement, contient l'arche de salut et le remède aux erreurs qu'il peut avoir faites : la Société des Nations.

Ayant signé le traité, l'Allemagne devra montrer sa volonté de l'exécuter, car il faut bien un point de départ pour de nouvelles relations entre les peuples, même si ces relations doivent être organisées tout autrement que par le passé, comme nous le voudrions. Il faut surtout que soit rétablie la confiance réciproque. On ne comprendrait pas que l'Allemagne ait signé avec l'intention bien arrêtée de ne pas tenir sa parole. On ne comprendrait pas surtout que le peuple allemand ne reconnaisse pas dans sa conscience, et non pas seulement par une signature, les responsabilités de ses gouvernants dans les malheurs de cette guerre et l'obligation qui en résulte pour lui de faire tout son possible pour réparer les maux qu'elle a causés. Tel est, du reste, l'avis d'une partie de la démocratie allemande et notamment du parti socialiste indépendant.

Quoi qu'on pense des différents événements de la guerre, il reste maintenant des victimes à secourir et le secours doit leur venir des agresseurs dans la plus large mesure possible. Il y a là une question de fait qu'on ne peut pas résoudre par des arguments de sentiment, mais seulement par des arguments de droit.

Sans doute le peuple allemand a des excuses dans les fautes de nos gouvernements, mais il reste contre lui le crime du sien, le crime d'avoir créé l'irrémédiable en signant la déclaration de guerre. Tous les amis de la paix peuvent regretter et condamner la mobilisation russe des 29, 30 et 31 juillet 1914 ; ils peuvent même regretter que notre gouvernement ou nos diplomates n'aient pas trouvé le moyen d'arrêter cette mesure extrêmement dangereuse et imprudente, car c'était aussi le moyen d'empêcher à peu près sûrement la guerre ; mais il n'en est pas moins certain, quoi qu'on puisse dire, que la mobilisation n'est pas la guerre : ce n'est qu'une mesure de préparation de défense comme toutes les mesures défensives qui la précèdent, depuis l'incorporation du jeune soldat jusqu'à la mise en état des frontières fortifiées. Toutes ces mesures sont dangereuses et c'est pour cela qu'il faut les supprimer à l'avenir, si possible, ou, dans tous les cas, les mettre sous le contrôle de la Société des Nations. Mais ce n'est pas l'Allemagne qui pouvait faire erreur sur le caractère de cette mesure, encore moins l'Autriche, qui en avait abusé plus souvent qu'il n'aurait fallu dans les Balkans. Du reste, comme on le sait, l'Autriche, qui avait elle-même mobilisé et même bombardé Belgrade depuis plusieurs jours, songeait si peu à répondre à la mobilisation russe par une déclaration de guerre qu'elle ne rappelait son ambassadeur de Pétrograd que plusieurs jours après, sans cacher ses regrets de ne pas pouvoir continuer les négociations. Au contraire, l'empereur d'Allemagne répondait immédiatement par la mesure offensive entre toutes, celle qui consiste à jeter les armées de l'autre côté de la frontière. Le peuple allemand ne fit rien pour l'en empêcher : nous le regrettons pour lui, mais surtout pour nous.

Nous aussi, en 1870, nous prétendions avoir été acculés traîtreusement à une déclaration de guerre. C'était une mauvaise excuse de notre faute et l'histoire ne l'a pas acceptée à la décharge de Napoléon III, ni à la nôtre. Avec raison.

Mais s'il est entendu que l'Allemagne doit réparer, n'allons cependant pas jusqu'à nous figurer que ce sont ceux qui ont fait faire la guerre qui en paieront les frais et ceux qui l'ont faite qui recevront les réparations qui leur sont dues. De même que les milliards allemands ne seront pas payés par les hobereaux, mais bien par les ouvriers allemands qui se sont fait tuer pour eux, de même, en France, ces milliards n'iront pas aux morts de la Marne, ni même à leurs familles dont les maisons sont restées quatre ans sous la mitraille. Ils iront, pour la plus grosse part, aux banquiers, aux avocats, aux entrepreneurs, aux industriels, aux commerçants, aux fonctionnaires des commissions de répartition, à tous ceux enfin qui ont été déjà les grands profiteurs de la guerre. Ils serviront surtout à augmenter de quelques milliards le budget annuel de la guerre et à préparer de nouveaux massacres.

Quoi qu'il en soit et quoi qu'on en pense, il reste un premier terrain à déblayer pour le travail de demain. Mais lorsque l'Allemagne aura fait son devoir, nous aurons aussi à faire le nôtre, c'est-à-dire à faciliter leur tâche à nos ennemis d'hier en leur accordant sans arrière-pensée notre collaboration, sous les auspices de la Société des Nations. Et ce ne sera pas seulement notre devoir, ce sera aussi notre intérêt et même une nécessité de fait, car nous ne pouvons pas vivre indéfiniment à couteau tiré avec nos plus proches voisins.

Mais encore faudra-t-il que l'organisation de la Société des Nations permette ce rapprochement de peuple à peuple et qu'elle ne reste pas ce qu'elle est encore aujourd'hui, une simple représentation des gouvernements et presque une réédition de la Sainte Alliance des rois du siècle dernier, moins les moyens de se faire obéir. Il faut qu'elle devienne une représentation des peuples, indépendante des gouvernements et supérieure aux gouvernements, avec des moyens d'action et de sanction qui lui permettent d'imposer l'arbitrage obligatoire, de juger en dernier ressort les différends entre les peuples au nom de ces derniers, de mettre fin, en un mot, aux mauvaises méthodes dont il a été parlé plus haut et à l'état d'anarchie et de brigandage qu'est le régime international actuel, — régime qui met la paix du monde à la merci des caprices d'un roi de Montenegro.

La Société des Nations a déjà fait un premier pas dans ce sens en instituant sa cour de justice internationale. Elle ne demande pas mieux que d'aller plus loin, mais nous savons à quelles difficultés elle se heurte et avec quel acharnement elle est combattue par ceux qui ne rêvent que de nouvelles coalitions et de nouvelles tueries. Il s'agit de ne pas la laisser étouffer dans l'œuf, de faire revivre en elle les résultats déjà acquis autrefois par les délégués des nations à la Conférence de La Haye, de lui donner les moyens d'aller plus loin et de faire d'elle enfin l'arche d'alliance des peuples.

III

LA SOCIÉTÉ DES NATIONS

« Vous y croyez, vous, à la Société des
Nations ! » est une injure et un blasphême
contre l'humanité que la France ne méritait
pas de s'entendre adresser dans le triomphe
de sa guerre pour le droit. Cette apostrophe
est la négation de tout idéal, quel qu'il soit et
quel qu'en soit le nom : religion, philosophie
ou civilisation. Elle procède exactement de la
mentalité de l'empereur allemand lorsqu'il
refusait d'adhérer, en 1907, aux propositions
de la Conférence de La Haye. Les peuples
peuvent et doivent s'entendre ; c'est une étape
de civilisation qui n'est pas au-dessus de leurs
moyens et qu'ils réaliseront peu à peu, comme
les précédentes, par l'organe d'institutions
nouvelles : c'est la loi du progrès, le résultat
de la lutte de la raison contre les forces aveu-
gles de la nature.

Tous les peuples conscients sont pacifiques
dans leur grande majorité, et ils ont toutes
raisons de l'être, car ils savent qu'ils n'ont
rien à gagner et tout à perdre à se faire la
guerre. Sans doute il y a dans tous les pays,

en tout temps, un parti de la guerre qui voudrait leur faire croire le contraire. Nous savons le rôle joué par ce parti en Allemagne et sa responsabilité dans la dernière guerre. Nous avons connu aussi chez nous des partisans de la guerre et nous avons tous entendu de nos oreilles, autrefois, des propos comme celui-ci : « Il nous faudrait une bonne guerre pour faire marcher les affaires ! » Mais ce parti a toujours été une infime minorité, chez nous comme ailleurs. Il ne comprend que ceux qui sont directement intéressés à une guerre, particulièrement des industriels de la métallurgie, des fournisseurs d'armes, de munitions et d'équipements militaires, les capitalistes qui vivent de ces industries et la presse qu'ils subventionnent, — presse qui touche quelquefois des deux côtés de la frontière, comme nous l'avons vu chez nous avant la guerre et même pendant la guerre.

Il y a aussi, il faut bien le reconnaître, dans les rangs des partisans de la guerre, quelques esprits sincères et désintéressés, mais dévoyés et victimes de leurs illusions ou de leurs passions du moment, comme le montrent les paroles ci-après, qu'écrivait, en septembre 1901, le capitaine Driant, tué sous Verdun, en 1916, comme lieutenant-colonel et député de Nancy.

« Eh ! bien, telle qu'elle est, même avec ses tares et ses injustices, je dis que la guerre est nécessaire aux peuples et aux sociétés : je dis qu'une longue paix amollit les nations, les atrophie dans l'unique recherche du plus grand bien-être et les livre au pouvoir dissolvant de l'or.

« Et je souhaite à mon pays une belle et noble guerre où puissent refleurir les vertus des aïeux, le dédain de la mort, l'esprit de sacrifice et le mépris de l'argent. »

Driant a eu cette guerre qu'il souhaitait, mais nous savons qu'il n'en pensait plus, lorsqu'il est mort, tout le bien qu'il en disait avant de l'avoir faite. Il avait eu le temps déjà de faire l'expérience de la guerre purificatrice et régénératrice. Toutefois, s'il est de ceux qui ont poussé à l'assassinat, il a su au moins payer sa dette. Combien d'autres ont la conscience plus chargée que lui qui ont continué leur œuvre à l'arrière « jusqu'au bout » et auxquels il n'a pas encore été demandé de comptes ! Combien vivent encore de la même industrie !

Ce faisceau de puissances mauvaises paraît généralement peu important par le nombre, mais il est toujours très redoutable par son audace, par ses moyens d'action, par son organisation, par les influences dont il dispose dans le gouvernement et dans le pays. Encore sur ce point nous avons pu faire chez nous des constatations caractéristiques : nous avons vu de nos yeux jusqu'à quels excès peuvent aller les passions chauvines et qu'elles n'hésitent pas à se débarrasser par l'assassinat d'un homme qui leur paraît pouvoir faire obstacle à leurs desseins. La vie d'un homme est si peu de chose pour des gens qui fondent leur fortune sur l'égorgement de peuples entiers !

C'est ce parti qu'il s'agit d'abord de surveiller et de tenir en échec, puis, si possible, de faire disparaître, car c'est ce parti qui a suffi jusqu'à ce jour pour perpétuer le règne de la guerre dans le monde. Les moyens employés dans le passé pour neutraliser son action sont restés sans effet et il nous faut donc chercher d'autres moyens pour l'avenir. Ces moyens nouveaux ne sont pas du ressort d'un ou de plusieurs gouvernements, ils ne peuvent être trouvés que par la collaboration de tous les gouvernements et surtout de tous les peuples ; puis, à mesure que ces moyens seront trouvés, définis et reconnus par tous comme utiles au maintien de la paix, leur application devra être imposée à tous par la volonté de tous, supérieure à celle de chacun. Le régime du droit pourra alors se substituer peu à peu à celui de la force et s'appliquer aux nations comme il a été appliqué progressivement aux individus dans les nations, à mesure que celles-ci s'organisaient, au cours des longs siècles de leur histoire.

Ce qui montre combien les conséquences d'une entente directe entre les peuples ont toujours paru menaçantes pour les gouvernements autocratiques et les puissances de proie, c'est le refus opposé par l'Allemagne, en 1907, à la proposition de la Conférence de la Haye d'appliquer l'arbitrage aux conflits internationaux. Mais la chute de l'Allemagne impérialiste permet aujourd'hui aux peuples qui veulent la paix de s'entendre enfin librement et de créer les institutions nécessaires pour la sauvegarder mieux qu'elle ne l'a été jusqu'à ce jour par l'application de la fameuse devise, empruntée par nos constructeurs de canons aux conquérants de l'ancien monde : *Si vis pacem, para bellum.*

Car, s'il est un fait stupéfiant dans l'histoire de la civilisation, c'est bien d'entendre invoquer encore l'aphorisme latin, dont le moins qu'on puisse dire est qu'il est un défi grossier à toutes les réalités de l'histoire. Non seulement, en effet, la paix n'a jamais été assurée en préparant la guerre et la préparation à la guerre n'a jamais amené et ne pouvait amener que la guerre, mais les succès militaires

momentanés qu'a pu favoriser cette préparation n'ont même jamais consolidé pour longtemps la puissance des empires guerriers : ils
ont toujours fini, au contraire, par mener ces
derniers à la ruine et à la décomposition. Cette
loi de justice immanente s'est manifestée pendant tout le cours de l'histoire humaine et
s'est appliquée successivement, avec la même
rigueur, aux empires anciens, aux empires du
moyen-âge, aux empires modernes et aux
empires contemporains. Nous en trouvons les
deux derniers exemples dans la chute de
l'empire napoléonien et dans la débâcle de
l'empire allemand. Il s'agit de savoir si nous
voulons continuer ces expériences. Les peuples
savent ce qu'elles leur ont coûté, ils ne peuvent
compter que sur eux-mêmes pour déjouer les
entreprises de ceux qui voudraient les leur
faire recommencer. Il faut, pour cela, qu'ils
s'entendent entre eux, au besoin contre leurs
gouvernements, toujours suspects d'impérialisme, toujours avides d'autorité, et c'est leur
union qui obligera finalement ces derniers à
se soumettre à la loi internationale, comme
les individus, dans chaque Etat particulier, ont
fini par se soumettre aux lois nationales. Le
principe essentiel de toute organisation de
justice, soit pour les peuples, soit pour les
individus, est que personne ne peut être juge

dans sa propre cause et que chacun doit se soumettre à la loi.

Tous les Etats civilisés ont adopté ce principe comme base de leur organisation nationale, ils auraient dû, par conséquent, l'admettre également comme base d'une politique internationale. Or, il n'en est pas ainsi. Leur doctrine sur ce point est qu'ils sont souverains, c'est-à-dire qu'ils n'ont pas à reconnaître d'autre loi que celle de leur bon plaisir. La souveraineté de l'Etat reste un dogme imposé aux peuples et c'est derrière ce dogme qne s'embusquent tous les bandits internationaux. C'est derrière ce dogme que s'est abritée la Serbie en 1914, pour résister — à tort ou à raison, peu importe quant au résultat, — aux réclamations de l'Autriche au sujet de l'assassinat de Serajevo, et c'est sur lui qu'elle s'est appuyée pour invoquer l'aide de la Russie et entraîner ainsi toute l'Europe dans sa querelle.

Il suffit de cet exemple pour montrer que la souveraineté de l'Etat peut aller jusqu'au droit de couvrir les pires assassins, — sans vouloir examiner si tel était bien le cas de la Serbie, — ce qui n'est pas autre chose que l'ancienne prétention du château féodal de se soustraire à tout contrôle de l'autorité royale et de couper la gorge aux passants, suivant son bon plaisir, c'est-à-dire l'anarchie féodale dans les relations internationales. Ce dogme est à rejeter une bonne fois si nous voulons que puisse s'organiser une société internationale, comme se sont organisées les sociétés nationales en soumettant les châteaux forts à l'autorité centrale. Quoi que puissent en penser les vieilles diplomaties, les peuples ne doivent plus admettre la souveraineté absolue des Etats particuliers dans les questions qui intéressent la paix du monde. Cette souveraineté doit être limitée aux questions qui n'intéressent que les affaires intérieures de chaque nation. Tout le reste et, en particulier, tout ce qui s'est caché, jusqu'à ce jour, de mauvais dessins sous le manteau hypocrite de l'honneur national, doit être soumis au contrôle des peuples, représentés par leur cour de justice internationale.

Tout gouvernement qui se refuse à ce contrôle, institué dans l'intérêt de tous, avoue par là même ses mauvaises pensées et ne peut être considéré que comme un bandit international qui veut rester libre de sauter à la gorge du voisin au moment qui lui paraîtra favorable. Mais il n'en est pas moins certain que, dans l'état actuel des choses, la plupart des gouvernements, à l'exemple des Etats-

Unis de l'Amérique du Nord en ce moment (1), prendront une attitude d'opposition, et que la question de la souveraineté de l'Etat ne sera même pas posée à la Société des Nations tant que ces gouvernements y seront les seuls maîtres et que les peuples eux-mêmes n'y auront pas la parole. C'est donc sur ce point qu'il faut faire d'abord l'éducation des peuples, c'est sur ce point qu'il faut organiser une vaste propagande mondiale en vue de faire subir à la Société des nations, ouverte à tous, les transformations nécessaires pour qu'elle devienne réellement ce qu'elle doit être : l'organisatrice et la gardienne de l'ordre international.

---

(1) Il peut arriver aussi que l'Amérique cherche un de ces jours à ressusciter la Société des Nations, aprés avoir essayé de l'égorger pour des raisons de politique intérieure. Ce sera une preuve de plus de la nécessité qu'il y a à placer cette question d'intérêt international au-dessus des questions d'intérêt national, de politique intérieure et de bon plaisir des gouvernements. Le président Harding ne tardera pas à s'en rendre compte personnellement, s'il désire vraiment travailler à la paix du monde, sans laquelle il n'y a pas de paix assurée pour l'Amérique, ni pour personne.

IV

LES GOUVERNEMENTS

Les gouvernements se défendront en mettant en avant de prétendus intérêts nationaux qui seraient au-dessous de toute discussion et qui n'admettraient aucun contrôle étranger ; ils feront appel à l'honneur du pays, comme si cet honneur pouvait se réclamer du droit de l'arbitraire et de la force plutôt que du droit de la libre discussion et de la justice ; ils poseront la question de confiance devant leurs peuples. Il ne devra être tenu aucun compte de ces prétentions, car nous savons à quoi nous en tenir sur l'œuvre des gouvernements lorsqu'ils sont abandonnés à eux-mêmes dans la discussion des affaires internationales. Nous savons que, même en admettant les meilleures intentions de la part des meilleurs gouvernements, ces intentions ne suffisent pas pour assurer aux peuples les garanties de sécurité dont ils ont besoin.

Il n'y a qu'à se reporter encore une fois, s'il le faut pour être fixés sur ce point, à ce qui s'est passé chez nous pendant les vingt dernières années avant la guerre. Si nous avons admis plus haut que notre gouvernement était étranger aux causes immédiates de cette guerre, nous sommes bien obligés de constater qu'il a commis, pendant ces vingt ans, toutes les fautes qui devaient un jour la rendre inévitable.

Nos aventures coloniales furent à la veille de nous amener la guerre avec l'Angleterre au moment de Fachoda. Les finasseries et les maladresses de notre diplomatie à l'égard de l'Allemagne nous valurent les incidents de Tanger, de Casablanca et d'Agadir, dont il nous fut d'autant plus difficile de sortir que nous n'étions pas entièrement dans nos droits et que, pour cette raison ou d'autres, nous ne pouvions pas compter sur l'appui de nos alliés russes si ces affaires avaient dû se régler les armes à la main. Et puisque nous parlons de ces alliés, nous savons de reste aujourd'hui, — et nos gouvernements auraient dû le savoir alors, — que nous ne pouvions compter sur eux en aucun cas et pour rien, si ce n'est pour boire notre champagne à nos frais. Nous aurions dû savoir surtout que leurs méthodes de gouvernement devaient fatalement, un jour ou l'autre, nous entraîner dans une bagarre balkanique. C'est à peine si le fou allemand, le fameux empereur à la poudre sèche, est une excuse à mettre en avant pour une pareille alliance de notre part.

Mais nos gouvernements ne pouvaient pas ne pas faire au moins une partie des fautes que nous leur reprochons, parce qu'ils n'avaient à leur disposition, pour parer aux surprises des évènements, que les ruses de la diplomatie secrète ou les arguments des armements militaires, avec le jeu de bascule des alliances, machines de guerre toujours menaçantes pour les voisins. De plus, ils vivaient constamment sous la menace d'une presse à la solde des intérêts d'argent ou des intérêts de partis, quelquefois à la solde d'intérêts étrangers.

Enfin, dans nos régimes capitalistes, le pouvoir politique est le plus souvent dominé complètement par des puissances économiques occultes et irresponsables, entre les mains desquelles ces gouvernements ne sont que les pions d'un échiquier. Quant aux peuples intéressés, ils ne savaient pas le premier mot de vérité sur ce qui se passait dans la coulisse ; ils n'avaient qu'un souci : se préparer à la catastrophe pour le moment où elle se produirait, en se demandant ce qui valait le mieux, d'avoir des canons lourds comme le voisin ou des soldats de trois ans, contrairement au voisin.

La catastrophe se produisit au bon moment

pour nous, c'est-à-dire dans des circonstances qui, par pur hasard, nous étaient favorables et qui nous permirent de récolter, pour cette fois, les lauriers sanglants de la victoire, grâce surtout aux forces morales qui se rangèrent de notre côté.

Or, pour la prochaine fois, il s'agit de limiter la part du hasard, la part des incidents de frontière, la part de la mauvaise foi, la part de la maladresse, la part de la cupidité, la part du dilettantisme irresponsable, la part de l'ambition personnelle, la part du crime, dans la détermination de pareils événements. Pour cela, il est indispensable de dessaisir les gouvernements du droit de décider de la guerre : les peuples doivent le faire le plus tôt possible pour donner ensuite la parole aux sages directement élus par eux, qui les représenteront dans leur volonté de paix et qui discuteront leurs intérêts avec les yeux toujours fixés, non plus sur la garde de l'épée, mais sur les textes du Code international qu'ils élaboreront peu à peu.

Que tous ceux qui ne veulent plus faire la guerre à leurs dépens s'unissent, dans chacun de leurs pays respectifs, pour organiser la propagande en vue de réaliser cette entente directe entre les peuples. Quant à ceux qui ne sont jamais las de faire faire la guerre à leur profit, cette propagande pourra peut-être trouver prise sur leur égoïsme, sinon sur leur raison, en leur montrant que, si « jusqu'au-boutiste » qu'on soit, on n'est jamais sûr de rester jusqu'au bout du nombre des profiteurs et que la guerre, après tout, ne donne pas toujours les bénéfices qu'on en attend. Les résultats de la dernière n'ont que trop donné raison, sur ce point, aux prophéties de Norman Angell dans son ouvrage de 1910 : « La Grande Illusion. »

N'oublions pas surtout que ce qui fait leur force, c'est la croyance aveugle à la nécessité de la guerre qu'ils ont su imposer à la multitude de ceux qu'ils tiennent toujours prêts pour le sacrifice. C'est à cette multitude que nous nous adresserons pour lui ouvrir les yeux sur ce mensonge et sur les horreurs qui en sont la conséqence.

Il ne s'agit pas là d'une œuvre d'agitation violente, mais d'une œuvre d'éducation. Nous savons qu'aucune réforme utile et durable ne peut venir de la violence (1). La violence appelle la violence, la guerre appelle la guerre, le canon appelle le canon ; il s'agit justement de changer les vieilles méthodes barbares de

______

(1) « Nous parlerons contre les lois insensées jusqu'à ce qu'on les réforme, et en attendant nous nous y soumettrons aveuglément » (Diderot).

violence, d'intimidation, de bluff, et de suren-
chères de toutes sortes, pour tâcher d'instaurer
sur d'autres bases une politique internationale
plus heureuse que celle qui nous a si mal
réussi jusqu'à ce jour. Toute réforme utile à
l'humanité est un fruit mûri par l'expérience
et par la raison. L'expérience de cette dernière
guerre est de celles qui ont pu hâter la matu-
rité du fruit, c'est à notre raison à faire le
reste.

Ceux qui ont fait cette guerre savent qu'il
existe aujourd'hui pour les jeunes Français un
devoir national terrible dont personne ne peut
les dispenser si leur tour revient d'avoir à le
remplir. Nous avons vu des milliers et des
milliers de leurs aînés remplir héroïquement
ce devoir à nos côtés, au prix de leur sang.
Nous avons le droit de nous demander s'il ne
serait pas possible de substituer à ce devoir de
tuer et de haïr le devoir de s'expliquer et de se
rendre justice.

Nous savons que nous ne réussirons pas
facilement, car les esprits ont été faussés par
de longs siècles de mensonge et d'asservisse-
ment; ils sont dominés encore aujourd'hui, et
plus que jamais, par la psychose de la haine
et de la guerre, au lendemain d'une boucherie
dont les auteurs responsables sont toujours
debout, toujours actifs, toujours à l'œuvre pour
le mal, étant restés seuls maîtres du champ de

bataille où gisent leurs victimes. Nous avons une indication significative sur cet état d'esprit actuel dans le fait que beaucoup d'antimilitaristes d'aujourd'hui, tout en disant qu'ils déplorent la guerre, dénoncent ce qu'ils appellent « le sentimentalisme benêt des pacifistes ».

Or, il ne s'agit pas pour nous de sentimentalisme, il s'agit de bonne foi à l'égard de ceux qu'on envoie à l'abattoir pour des chimères, quand ce n'est pas pour des motifs tout à fait inavouables. Quiconque admet qu'on peut assassiner se fait complice des assassins. C'est le règne de la violence que nous voulons abattre par la raison et c'est contre ce règne de la violence que la révolution est urgente. Tant que cette révolution ne sera pas faite, toutes les autres seront inutiles et ne feront qu'infuser au monstre un sang nouveau : elle seule peut apporter le salut au monde dans la paix, par la paix (1).

Et ce salut sera surtout celui de la France, car si la France se relève de sa dernière victoire. elle ne se relèverait certainement pas de la prochaine.

---

(1) L'erreur capitale de l'Internationale d'avant-guerre, en particulier de la socialdémocratie allemande, dont la responsabilité, sur ce point aussi, restera des plus lourdes, est justement d'avoir, contrairement aux avis de Jaurès, fait passer le souci des réformes sociales avant celui des garanties de paix indispensables à la sécurité du lendemain, d'avoir livré l'avenir au Kriegsherr pour un morceau de pain.

V

CONCLUSIONS PRATIQUES

Il ne suffit pas de voir le but, de le définir et de convier l'univers à une croisade pour sa réalisation. D'autres l'ont déjà fait sans grand succès et la question est de trouver les moyens de réaliser.

Avons-nous ces moyens? Quels sont les procédés pratiques à employer pour faire cette révolution, d'abord dans les esprits, puis dans les faits?

Les Ligues et Sociétés pour la paix ont repris leur propagande, qui ne restera pas sans résultats, malgré le découragement qui paraît se manifester un peu partout à l'heure actuelle, mais elles ne semblent pas, pour le moment, avoir trouvé ces moyens pratiques d'action. Elles n'ont pas couvert le territoire du réseau d'organisations locales qui pourraient seules agir directement et efficacement sur les populations. Elles ne semblent pas, non plus, avoir établi les liaisons internationales qui seraient nécessaires pour coordonner les efforts dans les différents pays en vue de les faire concourir à une action commune et concertée.

Or, il faut agir sur le terrain international en même temps que sur le terrain national, et peut-être même avant, afin de ne pas faire l'œuvre unilatérale qu'on ne manquerait pas de nous reprocher, et afin de suivre partout les mêmes directives et le même programme, dont les grandes lignes pourraient être les suivantes :

1º Créer d'abord dans chaque pays une Société nationale de défense de la paix qui grouperait tous les grands organes pacifistes actuels, puis, comme filiales de cette Société nationale, des sections départementales, cantonales et communales, si possible. Faire appel pour cela aux hommes et aux femmes de bonne volonté, sans distinction de partis et d'opinions. La défense de la paix ne peut porter ombrage à aucun homme de bonne foi : toutes les religions et toutes les philosophies paraissent devoir lui être acquises ; les femmes surtout ne peuvent manquer de se passionner toutes pour une œuvre de bonté et d'amour qui les touche de si près dans toutes les sources de leur bonheur. La Ligue des Femmes contre la Guerre, nouvellement fondée, les groupera plus spécialement dans ce but.

2º Dans chacune de ces sections locales,

organiser des conférences et des lectures ayant surtout pour but d'exposer objectivement les causes et les résultats des grandes guerres qui ont déchiré le monde, les maux qu'elles ont causés, de faire ressortir les fautes des gouvernements intéressés dans ces guerres, de montrer comment les peuples auraient pu régler autrement leurs litiges et pourquoi ils n'ont pu le faire. Signaler les inconvénients et les dangers des diplomaties secrètes, la nécessité de contrôler les campagnes de presse en matière étrangère, de contrôler surtout les gouvernements, quels qu'ils soient.

3º Mettre en lumière la conclusion qui s'impose de l'institution d'un tribunal supérieur aux parties en cause, auquel ces parties devront désormais soumettre leurs différends, comme les particuliers sont tenus de se soumettre à l'arbitrage du juge.

4º Inviter les électeurs à faire pression sur leurs élus pour exiger peu à peu des gouvernements qu'ils acceptent cette idée de l'arbitrage international pour toutes les questions qui intéressent la paix.

5º Par le même moyen, amener les gouvernements, chaque fois que l'occasion s'en présente, à faire eux-mêmes des propositions d'arbitrage pour toutes les discussions graves qui peuvent surgir avec un pays voisin.

6º Etudier la meilleure organisation à donner au tribunal international déjà existant à la Société des Nations, tant pour sa composition que pour ses moyens d'action. Organiser une presse pacifiste en groupant d'abord les concours des publications qui se réclament déjà de cette qualité.

7º Par un organe international de liaison et de direction, suivre, diriger et coordonner l'action de cette presse et celle des Sociétés nationales, jusqu'au moment où tous les gouvernements auront adhéré au principe de l'arbitrage obligatoire.

8º Continuer l'œuvre de défense de la paix en appuyant en toutes circonstances les décisions et les actes du tribunal international, en étudiant les améliorations à apporter à la Société des Nations et les différentes questions à soumettre à son examen, — comme l'interdiction de fabriquer des armes et des munitions, le désarmement, l'usage du referendum, la police internationale, les problèmes économiques internationaux, la revision éventuelle des traités de paix, etc., etc.

En se réveillant peu à peu de son ivresse de sang, la tête encore lourde de cauchemars, l'Europe continue à chanceler dans la nuit, l'hébétude et le marasme.

Nous ne croyons plus à rien et nous ne croyons surtout plus aux médecins de malheur qui nous offrent leurs soins et qui sont, pour la plupart, de ceux qui nous empoisonnent depuis trente ans et ne peuvent toujours nous présenter que les mêmes soporifiques ou les mêmes excitants. Une campagne énergique contre l'horrible fléau qui pèse toujours sur nous est peut-être seule capable aujourd'hui de nous arracher à notre torpeur, de nous rendre une conscience et un idéal, de nous remettre en marche coude à coude, dans un sursaut décisif, sur la route de l'union fraternelle et de l'effort généreux pour un avenir meilleur.

A l'œuvre donc pour la conquête définitive de la paix ! Nous avons en France, parmi les pacifistes notoires et aussi ailleurs, beaucoup plus d'hommes de première valeur qu'il n'en faut pour mener cette croisade. Le succès et la reconnaissance des peuples seront pour ceux et celles qui en prendront l'initiative et y consacreront leurs forces.

Et quel beau champ d'action pour les jeunes activités qui se lèvent sur l'horizon des ruines !

TABLE DES MATIÈRES

	Pages
Préface	3
Avant-Propos	11
La dernière Guerre	15
Les Peuples et la Guerre	31
La Société des Nations	39
Les Gouvernements	48
Conclusions	55

AUXERRE. — IMP. "L'UNIVERSELLE" (ASS. OUVR.)

www.ingramcontent.com/pod-product-compliance
Lightning Source LLC
LaVergne TN
LVHW021755170726
843503LV00007B/2888